Manual para Órganos de Gobierno

Desarrollado y diseñado con el apoyo de:

Adaptado y aumentado por Universidad ORT México de las siguientes fuentes: Guía para Directores de Organizaciones sin Fines de Lucro Chile Transparente - www.chiletransparente.cl, publicación ha sido elaborada en el marco del proyecto "Gobiernos corporativos en las organizaciones sin fines de lucro en Chile", realizado por Chile Transparente con el apoyo de Fundación AVINA, © Non-Profit Sector Leadership Program, Dalhousie University y Grant Thornton (2005). Not for profit board member handbook.

Se autoriza la reproducción total o parcial de la publicación citando la fuente

ÍNDICE

Bienvenida	3
Introducción	4
¿Cuál es la función del órgano de gobierno de una OSC?	6
¿Cuáles son las tareas y responsabilidades de los miembros del órgano de gobierno?	7
¿Cuáles son las características deseables de los miembros del órgano de gobierno?	8
¿Cuáles son los documentos legales que debe seguir un órgano de gobierno?	9
¿Cómo se estructura el órgano de gobierno?	11
¿Cuál es el papel del presidente del órgano de gobierno?	12
¿Cuál es la diferencia entre los roles y responsabilidades del órgano de gobierno y de la dirección ejecutiva?	13
¿Cómo lleva a cabo sus funciones el órgano de gobierno?	13
¿Cómo opera el órgano de gobierno?	15
¿Cuál es el papel del órgano de gobierno en la rendición de cuentas de la organización?	17
¿Cuáles son los problemas típicos que enfrenta un órgano de gobierno y cómo abordarlos?	18
Conclusión	20
Referencias bibliográficas	21
ANEXO I - Matriz de Consejo	22
ANEXO II - Evaluación de Consejo	23
ANEXO III - Carta compromiso de los miembros	32
ANEXO IV - Ejemplo de reglamento interno del Consejo	33
ANEXO V - Reglas de orden de Robert Adaptadas	40
ANEXO VI - Politica de Conflicto de intereses	46

Bienvenida

En México, la labor de las Organizaciones de la Sociedad Civil (OSC), también conocidas como Organizaciones sin Fines de Lucro (OSFL) u Organizaciones No Gubernamentales (ONG), es fundamental para la solución de los graves problemas que aquejan a nuestro país, no solo porque hacen una labor esencial enfrentando problemas como pobreza, corrupción, violencia, falta de educación, salud o adicciones, sin fines de lucro económico o político, sino porque actúan como garantes de derechos fundamentales como la expresión pública independiente, la democracia y el respeto a los derechos humanos. Sin embargo, en México, el sector social es el menos desarrollado de los países de la OCDE e inclusive muy por debajo de otros países latinoamericanos como Brasil, Chile o Argentina.

Una de las principales razones de esta falta de desarrollo es la poca oferta de programas de formación académica en áreas de desarrollo social. En nuestro país prácticamente no existen programas académicos como administración de organizaciones sin fines de lucro, educación ambiental, gerontología o prevención de adicciones, ya que las universidades públicas y privadas no las ven como áreas prioritarias o lucrativas. Como resultado, los voluntarios y profesionales que laboran en organizaciones sociales suelen tener gran compromiso, pero poca formación formal, y sus competencias se limitan a las que pueden desarrollar a través de la experiencia o con diplomados y cursos cortos y enfocados en habilidades básicas.

Es por ello que la Universidad ORT México, primera en América Latina enfocada en el fortalecimiento del sector social para lograr la transformación positiva de México y el desarrollo sustentable, se enorgullece en presentar este Manual para Miembros de Consejos y Patronatos Sin Fines de Lucro. Su objetivo es ayudar a los órganos de gobierno de las OSC a realizar una labor más profesional y efectiva, que garantice el impacto social de sus organizaciones.

Estamos seguros de que este manual les será de gran utilidad, y esperamos les ayude a lograr esos cambios positivos que buscamos en nuestra sociedad, nuestro país, y en la nueva realidad de nuestro mundo digital y globalizado.

Dr. Moisés Salinas Fleitman
Rector

Introducción

Desde sus distintos ámbitos de acción, las organizaciones de la sociedad civil sin fines de lucro, o OSC, realizan un valioso aporte al desarrollo del país, a la vez que promueven la participación de la ciudadanía en distintas esferas de la vida pública, fortaleciendo así el tejido social de nuestra sociedad. No cabe duda que la sociedad civil organizada es un indicador importante de una sociedad democrática, y si bien esto es cierto en cualquier democracia, en países desarrollados como Canadá, Holanda, Francia, Suecia, y demás, es aun mas cierto en países "emergentes" en donde la sociedad civil termina solventando muchas de las funciones de redes de protección y garantía de la expresión publica independiente que son típicamente funciones del estado. Más aun, las organizaciones sociales contribuyen de manera importante a la economía nacional, aportando más del 2% de PIB de nuestro país.

Y sin embargo, a pesar de su indudable contribución social y económica al país, las OSC enfrentan en la actualidad importantes desafíos para los cuales deben prepararse. Temas como la reducción del apoyo por parte del gobierno federal, y diversos casos de corrupción que han afectado al sector han generado una creciente disminución de la confianza de la ciudadanía en sus instituciones. Esta desconfianza ha alcanzado también a las organizaciones sin fines de lucro. Para enfrentar estos nuevos desafíos, las OSC necesitan fortalecer la estructura de sus Consejos Directivos o Patronatos, también conocidos como **Órganos de Gobierno**, y sus estrategias de rendición de cuentas. De hecho, numerosas investigaciones apuntan a la fortaleza del Órgano de Gobierno como el principal factor de la efectividad de la organización.[1]

Para ello, un primer paso es contar con un órgano de gobierno activo, independiente y comprometido que vigile la administración de la organización. Desafortunadamente, es muy común que los miembros de los órganos de gobierno de OSC desconozcan sus funciones o responsabilidades, ya que normalmente se les invita a participar y aceptan ser parte del órgano de gobierno porque comparten la misión de la institución y confían en el equipo que la dirige. Pero la tarea de un miembro, no debiera restringirse a participar en las reuniones para solamente escuchar, sino que deben discutir los proyectos, planes futuros y tomar parte en las decisiones

[1] Por ejemplo, Bradshaw, Murray & Wolpin (1992); Green & Griesinger, (1996); Herman & Renz (2008).

institucionales. De este modo, más que responder a un requerimiento legal, el órgano de gobierno debe ser visto como una instancia de dirección que permite asegurar que la toma de decisiones al interior de la organización está orientada al propósito original de ella, y que la entidad está siendo manejada con los más altos estándares de integridad y efectividad.

En este contexto, el objetivo de esta guía es proporcionar información a los miembros de órganos de gobierno de organizaciones sin fines de lucro sobre sus tareas y responsabilidades. Estamos convencidos que un órgano de gobierno activo puede convertirse en un sello de calidad que proporcione confianza a los grupos de interés de la organización (incluyendo por supuesto a donantes y beneficiarios) y que al mismo tiempo asegure la sustentabilidad de la institución en el largo plazo.

¿Cuál es la función del órgano de gobierno de una OSC?

El órgano de gobierno es la autoridad superior de una OSC. Sobre él recae el poder administración y representación de las organizaciones sin fines de lucro. El órgano de gobierno es normalmente elegido por la Asamblea General Ordinaria y de acuerdo a la legislación mexicana tiene una serie de atribuciones y deberes, entre los que destacamos los siguientes:

- Dirigir la corporación y administrar sus bienes;
- Someter a la aprobación de la Asamblea General los reglamentos necesarios para que funcione la organización;
- Cumplir los acuerdos de las Asambleas Generales, y
- Rendir cuenta anual por escrito ante la Asamblea.

El órgano de gobierno por lo general delega la administración diaria de la OSC a un gerente general, secretario o director ejecutivo. El director ejecutivo, conjuntamente con otros miembros del equipo profesional o del voluntariado, se encarga de implementar de manera práctica las políticas y estrategias definidas por el órgano de gobierno. En resumen, el órgano de gobierno gobierna y la dirección ejecutiva dirige. Dado que los deberes asignados por la ley al órgano de gobierno son bastante generales, es importante que cada organización defina claramente cuáles serán las labores del órgano de gobierno y cuáles las de la dirección ejecutiva. Idealmente, estas atribuciones deben estar por escrito y ser conocidas por todos quienes trabajan en la organización.

Diez responsabilidades básicas del órgano de gobierno:

1. Determinar la misión y los propósitos de la organización: Se debe cerciorar, además, de examinar periódicamente la declaración para determinar si es adecuada, exacta y válida.

2. Seleccionar al director ejecutivo.

3. Apoyar al director ejecutivo y evaluar su desempeño.

4. Garantizar la planificación eficaz de la organización: Contribuir a la consecución de las metas y objetivos ahí plasmados.

5. Garantizar que la organización cuente con suficientes recursos: La obtención de los recursos suficientes es, ante todo, una responsabilidad del órgano de gobierno.

6. Administrar eficientemente los recursos: Para mantener la confianza de la opinión pública, el órgano de gobierno debe proteger los bienes acumulados y garantizar la administración adecuada de los ingresos. Además de colaborar con la preparación y aprobación del presupuesto anual.

7. Determinar y supervisar los programas y servicios de la organización: El trabajo de la organización debe ser compatible con la misión y los propósitos expresos de la organización.

8. Promover la visibilidad de la organización.

9. Asegurar la integridad legal y ética y mantener la transparencia.

10. Reclutar y orientar a nuevos miembros para el órgano de gobierno y evaluar su propio desempeño.

Fuente: Richard T. Ingram (1997).

¿Cuáles son las tareas y responsabilidades de los miembros del órgano de gobierno?

Como mencionamos, el órgano de gobierno es el responsable de velar porque la organización sea manejada de manera eficiente y con altos estándares de integridad y de rendición de cuentas a sus distintos grupos de interés. De este modo, un director debe exigir que se le permita participar en la gestión de la institución, a la vez que debe aportar con su experiencia y conocimiento. El primer objetivo del órgano de gobierno debe ser velar porque la institución cumpla con su misión, la legislación y las normas que la rigen. Para ello, los miembros del órgano de gobierno deben conocer las leyes y los estatutos que regulan a la organización.

Para cumplir a cabalidad con su rol, los miembros del órgano de gobierno deben, además:

- **Asistir a las reuniones del órgano de gobierno:** No importa cuán valiosos sean los conocimientos y la experiencia de un miembro de un órgano de gobierno si este no participa en las reuniones.
- **Prepararse e informarse:** Para poder aportar al máximo en las reuniones del órgano de gobierno, los miembros deben leer los documentos que se les envían antes de las reuniones y llegar preparados para hacer preguntas y comentarios.
- **Hacer preguntas, por incómodas que sean:** Los miembros del órgano de gobierno deben cuidar el prestigio de la organización y por lo tanto deben estar atentos y discutir posibles situaciones conflictivas.
- **Supervisar los gastos de la institución:** Los miembros del órgano de gobierno deben asegurar que los fondos de la institución se utilicen de acuerdo a lo estipulado por quien aportaron esos fondos.
- **Velar por la integridad de la organización:** El órgano de gobierno debe establecer políticas y prácticas para asegurar a sus grupos de interés que la organización está siendo manejada de manera eficiente y con la debida probidad.

Es importante tener presente que es responsabilidad del órgano de gobierno asegurar que el director ejecutivo o gerente dirija la organización de manera eficiente, efectiva y ética.

¿Cuáles son las características deseables de los miembros del órgano de gobierno?

El órgano de gobierno debiera estar compuesto por individuos que están dispuestos a dedicar tiempo y recursos a la organización. Además, el órgano de gobierno debiera estar estructurado de manera de contar con las capacidades necesarias para asegurar una buena dirección. De este modo, idealmente los miembros debieran tener un amplio rango de cualidades y conocimientos, incluyendo por ejemplo experiencia en temas relevantes para la organización (administración, leyes, finanzas, marketing, entre otros) y para el cumplimiento de su misión (expertos en los temas que aborda la entidad, por ejemplo) así como prestigio y reconocimiento social.

Cada OSC debe definir cuáles son las características que busca en sus directores. En la medida que tenga esto claro, le será más fácil reclutar nuevos miembros. Algunas organizaciones buscan contar en sus órganos de gobierno con actores relevantes de cada uno de sus grupos de interés. Otras buscan contar con personas con conocimientos importantes para supervisar la organización. Es recomendable elaborar una matriz que defina claramente las capacidades que se requieren en el órgano de gobierno que permite orientar la búsqueda de nuevos miembros hacia aquellas capacidades deficitarias.

Encontrar personas talentosas, comprometidas y con deseos de participar es una tarea difícil para todos los órganos de gobierno. Por esta razón, es conveniente mantener una base de personas con estas características y que compartan la misión de la organización, para facilitar la búsqueda de nuevos miembros. Para facilitar la familiarización de los nuevos miembros con la organización es conveniente realizar un proceso de inducción. Este puede consistir en una visita a la organización para conocer al equipo profesional y en la entrega de una carpeta con material de la organización: copia de los estatutos, misión plan estratégico, estructura del órgano de gobierno y tareas de éste y de la dirección ejecutiva, entre otros.

¿Cuáles son los documentos legales que debe seguir un órgano de gobierno?

Los estatutos de la organización son el principal documento de administración del órgano de gobierno. Ahí se incluyen las tareas y responsabilidades de los miembros, información sobre el número de integrantes del órgano de gobierno, frecuencia de reuniones y proceso de votación, entre otros. Este documento debe ser entregado a todos los miembros que se integran a un órgano de gobierno y revisado cuidadosamente por ellos. Adicionalmente, un órgano de gobierno debe contar con un reglamento interno, que detalla procedimientos de convocatoria, manejo de reuniones, y formas de votación entre otros. También puede contar con diversas políticas para operar de manera más eficiente y con altos estándares de integridad. Es así como muchos órganos de gobierno cuentan con políticas de transparencia, declaración de intereses, códigos de ética, descripciones escritas de tareas y responsabilidades de los miembros del órgano de gobierno y del director ejecutivo, entre otras. A continuación, se describen algunos ejemplos.

Política de conflictos de interés: Los conflictos de interés ocurren cuando los intereses personales o profesionales de un miembro del órgano de gobierno pueden ser incompatibles con los intereses propios de la organización. Las políticas de conflictos de interés usualmente requieren que los miembros del órgano de gobierno divulguen todas sus actividades e información que podría ser considerada conflictiva. Los miembros del órgano de gobierno también pueden abstenerse de votar cuando existe un conflicto de interés.

Participación en reuniones: Algunos órganos de gobierno tienen políticas que remueven a los miembros de sus posiciones si continuamente faltan a las reuniones. Por ejemplo, una política puede indicar que, si un miembro falta a tres reuniones de órgano de gobierno o comités consecutivos, él o ella deberá justificar su inasistencia frente al órgano de gobierno. Posteriormente, se lleva a cabo una votación para definir si la persona continua o no como miembro del órgano de gobierno.

Rotación: En algunas organizaciones, los miembros del órgano de gobierno pueden participar en él de manera indefinida, mientras que en otros se imponen ciertas limitaciones. Por ejemplo, un órgano de gobierno puede limitar la participación de sus miembros a un máximo de dos períodos de dos años cada uno.

¿Cómo se estructura el órgano de gobierno?

Si bien no hay un número mínimo o máximo de miembros de un órgano de gobierno, sí debe de contar con al menos un presidente, un secretario y un tesorero. Idealmente un órgano de gobierno debiera contar con al menos cinco miembros.

Para evitar conflictos de interés, el director ejecutivo o gerente general no debe ser un miembro activo del órgano de gobierno. Este puede participar en las reuniones, pero sin derecho a voto. Es conveniente, además, que al menos una parte de las reuniones del órgano de gobierno se realice sin la presencia del director ejecutivo, de modo tal, de asegurar la independencia del órgano de gobierno. La estructura y el tamaño del órgano de gobierno dependerán de la estructura y tamaño de la organización. Las organizaciones más grandes tienen órgano de gobierno más grandes y más complejos. En tanto, las organizaciones más pequeñas tienden a contar con órgano de gobierno más pequeños. Los estatutos de la organización deben indicar claramente la estructura y tamaño del órgano de gobierno. En los órganos de gobierno más grandes, usualmente se forman comités para llevar a cabo ciertas tareas o tomar decisiones de manera más eficiente. Es así como en muchos órganos de gobierno existe un comité ejecutivo (integrado por un número reducido de miembros), que trabaja más directamente con el director ejecutivo o gerente general para dirigir la organización.

Otros comités que pueden crearse para facilitar el trabajo en órgano de gobierno grandes son:

Comité de procuración: Encargado de desarrollar e implementar estrategias de búsqueda de financiamiento para la institución.
Comité de finanzas: Encargado de revisar y aprobar los gastos de la organización.
Comité de auditoría: Encargado de reunirse con los auditores externos después de la auditoría anual para discutir los resultados.

En órganos de gobierno pequeños no tiene sentido contar con comités ya que usualmente todos los miembros se involucran en los distintos temas relacionados con la organización.

Es importante que el órgano de gobierno destine tiempo al menos cada dos años a evaluar su desempeño individual y como grupo. Esto le permitirá reorientar sus políticas y estrategias para cumplir mejor con su función. Es importante que estos comités mantengan informado al órgano de gobierno en su conjunto de todas sus acciones.

¿Cuál es el papel del presidente del órgano de gobierno?

Para funcionar de manera efectiva, el órgano de gobierno necesita tener un liderazgo. Esta tarea es usualmente asumida por un presidente que dirige el órgano de gobierno, preside sus reuniones, motiva y proporciona guía a los demás miembros, mantiene contacto regular con el director ejecutivo o gerente general y representa a la organización.

El presidente del órgano de gobierno es una posición clave. De él/ella depende que las relaciones entre el órgano de gobierno y el staff profesional de la organización sean fuertes y positivas. Por esta razón es importante elegir al presidente cuidadosamente y planificar su sucesión de manera adelantada, idealmente asegurando que el futuro presidente actúe primero como vicepresidente.

A continuación, se describen algunas tareas propias del presidente del órgano de gobierno:

- Planificar junto al director ejecutivo las reuniones del órgano de gobierno y los temas a tratar.
- Participar como miembro ex officio en todos los comités.
- Apoyar al director ejecutivo en la ejecución de las resoluciones del órgano de gobierno.
- Llamar a reuniones especiales cuando sea necesario.
- Coordinar la evaluación de desempeño anual del director ejecutivo.
- Fungir como vocero en representación de la organización.

¿Cuál es la diferencia entre los roles y responsabilidades del órgano de gobierno y de la dirección ejecutiva?

Ya hemos dicho que el órgano de gobierno gobierna y la dirección ejecutiva dirige. Pero en la práctica, ¿qué significa eso? El órgano de gobierno debe encargarse de tomar las decisiones clave sobre políticas y estrategias para orientar las acciones de la organización. Debe además supervisar la organización, y monitorear su desempeño y progreso a medida que busca alcanzar sus objetivos y metas.

Cuando una organización emplea a staff profesional, es vital que el órgano de gobierno le dé al equipo la libertad para manejar la organización en el día a día. Sin embargo, los miembros del órgano de gobierno, deben mantener y aceptar la responsabilidad legal última por todo lo que la organización hace y cómo lo hace.

¿Cómo lleva a cabo sus funciones el órgano de gobierno?

Para cumplir con sus responsabilidades y tareas, el órgano de gobierno establece reuniones regulares. Estas reuniones debieran realizarse tan frecuentemente como sean necesarias, pero tomando en cuenta que los miembros del órgano de gobierno son voluntarios, y tienen, por lo tanto, otros trabajos y responsabilidades. En órganos de gobierno de más de siete miembros es común contar con comités ejecutivos que se encargan de apoyar la labor del director ejecutivo y tomar decisiones importantes que no pueden esperar hasta la siguiente reunión. Este comité puede funcionar por teléfono o vía email para agilizar la toma de decisiones.

Para optimizar el trabajo del órgano de gobierno, es importante que los miembros reciban la agenda de las reuniones y todos los documentos que se discutirán en ellas con anticipación. Esto permite que los miembros se preparen y la reunión sea más eficiente y productiva. Además, es importante elaborar minutas de todas las reuniones y enviarlas lo antes posible a todos los miembros de modo tal de asegurar que todos tengan claridad de los temas tratados y las decisiones adoptadas. Si se ha producido una votación, los miembros deben aceptar la decisión de la mayoría, cuando ha habido quórum, y si no están de acuerdo, pueden dejar en actas su decisión. Las reuniones funcionan mejor cuando los miembros actúan como un equipo. Por eso es necesario invertir tiempo en construir equipo, hacer que los miembros se conozcan entre ellos, desarrollen confianza y respeto mutuo y reconozcan las capacidades de cada uno.

¿Cómo opera el órgano de gobierno?

Una vez que se tiene un órgano de gobierno bien estructurado, balanceado en sus funciones, y claro sobre sus responsabilidades, el órgano de gobierno utiliza una serie de herramientas y estrategias para poder llevar cabo su labor.

La principal herramienta que se utiliza son las juntas de consejo, cuyas funciones principales son la comunicación y la toma de decisiones.

Para que el órgano de gobierno tenga una función significativa en la dirección de la organización, es necesario que haya una excelente comunicación y la información fluya en ambas direcciones, del órgano de gobierno al staff profesional, y viceversa.

Para que las juntas de órgano de gobierno sean exitosas, es necesario que tengan los siguientes componentes:

- Una orden del día acordada para cada reunión
- Distribución previa de material relevante, preferentemente una semana antes de la fecha de la junta
- Un paquete con el reporte periódico, informes financieros, de operación, planes estratégicos, nuevas políticas y procedimientos para cada uno de los miembros.
- Minutas de la reunión anterior.

Es una de las principales responsabilidades de los miembros prepararse para las juntas del órgano de gobierno, leer toda la información relevante, y preparar preguntas y retroalimentación para el director. El tiempo de preparación previa que se requiere es variable, pero en general se recomienda invertir una hora de preparación por cada hora de junta programada. Si el miembro del órgano de gobierno tiene dudas o cuestionamientos sobre los materiales, debe contactar al presidente de antemano para discutirlas, y no esperar hasta la junta. Los mismos principios aplican para las reuniones de los diferentes comités.

Una vez convocada la reunión, se recomienda que exista un procedimiento explícito y acordado para llevar a cabo la reunión, tomar decisiones y llevar votaciones a cabo si es necesario. Un procedimiento común y efectivo son la Reglas de Orden de Roberts (http://www.constitution.org/rror/espanol/reglas_de_orden.pdf)

¿Cuál es el papel del órgano de gobierno en la rendición de cuentas de la organización?

Una de las principales funciones del órgano de gobierno es rendir cuentas a sus grupos de interés. La rendición de cuentas (*accountability* en inglés) se refiere a la capacidad de una persona o institución de proporcionar explicaciones por ser transparente, divulgar sus acciones y fundamentarlas y responder por éstas. De este modo, el órgano de gobierno debe establecer políticas y estrategias que permitan asegurar a los miembros de la organización (staff profesional y voluntarios), beneficiarios directos, donantes, gobierno y sociedad en general que la organización está siendo manejada de manera eficiente, transparente y proba.

Para ello es recomendable que el órgano de gobierno difunda ampliamente (a través de su sitio Web o en la memoria anual) la siguiente información:

- Misión, objetivos y políticas
- Métodos, actividades y logros
- Cobertura geográfica
- Estructura organizacional y legal
- Fuentes de financiamiento

¿Pueden los miembros del órgano de gobierno recibir una remuneración?

A diferencia de lo que ocurre en las empresas privadas, en las OSC, la labor de los miembros del órgano de gobierno es eminentemente voluntaria. Sin embargo, en organizaciones con recursos para ello, es posible reembolsar los gastos en los que incurran los directores durante el ejercicio de sus funciones (traslados, por ejemplo). Es importante cuidar las políticas de conflicto de intereses y que los miembros **bajo ninguna circunstancia** obtengan beneficio económico por parte de la organización.

¿Cuáles son los problemas típicos que enfrenta un órgano de gobierno y cómo abordarlos?

Órgano de gobierno débil

Un órgano de gobierno débil implicará que la organización es controlada por el staff y los voluntarios, sin supervisión de su desempeño o manejo financiero. El riesgo aquí es que las agendas personales sean más importantes que la misión institucional. Esto puede generar que la organización pierda credibilidad y le sea cada vez más difícil asegurar su financiamiento.

Para fortalecer un órgano de gobierno débil, el presidente o director ejecutivo de la organización puede encargar un estudio o realizar un taller para ayudar a los miembros del órgano de gobierno a redefinir su rol y a comprender lo que se espera de ellos. Durante este proceso es necesario "dejar abierta la puerta" para que aquellos miembros que no puedan comprometerse con las nuevas exigencias acordadas puedan dejar el órgano de gobierno. Esta puede ser una oportunidad para revitalizar el órgano de gobierno y mejorar su desempeño.

Relación con el/la o los fundadores

La mayoría de las organizaciones sin fines de lucro nacen de la vocación e interés de un grupo de personas por aportar a la sociedad a través de una organización. En sus inicios, y para cumplir con los requerimientos que la ley les exige, es común que los fundadores inviten a sus amigos y familiares a integrar el órgano de gobierno de la organización. Los fundadores usualmente asumen cargos directivos en el órgano de gobierno (partiendo por la presidencia) y/o la dirección ejecutiva de la organización. Si bien esto es legal y comprensible, a medida que la organización madura, es necesario que desarrolle una estrategia para regular el poder del fundador o los fundadores. De otra manera se corre el riesgo que, tras la partida del fundador, la organización no sea capaz de continuar existiendo.

En aquellos casos en los que el fundador asume la dirección ejecutiva, para evitar que el órgano de gobierno se convierta en un mero adorno, es necesario definir claramente cuáles serán las funciones de cada uno y cuál será la participación del órgano de gobierno en las decisiones estratégicas de la organización. Asimismo, es conveniente que el director ejecutivo/fundador y el órgano de gobierno desarrollen una estrategia para reemplazar en el futuro al director ejecutivo de modo tal de asegurar que la administración de la organización no depende exclusivamente de una sola persona

En aquellos casos en los que el fundador es el presidente del órgano de gobierno, se corre el riesgo de que el resto de los directores se sientan inhibidos de cuestionar las decisiones del presidente y por lo tanto se desmotiven de participar de manera activa en el órgano de gobierno. En estos casos es conveniente nombrar un comité ejecutivo, en el que se incluya al menos un director independiente, que contribuya a equilibrar el poder del presidente/fundador. También es recomendable establecer políticas de rotación en la presidencia del órgano de gobierno.

Órgano de gobierno demasiado involucrado en el día a día

Cuando las organizaciones que han sido manejadas por voluntarios comienzan a contratar staff, es común que se produzcan roces entre este y el órgano de gobierno. En estos casos es necesario definir claramente las funciones de cada uno (órgano de gobierno y equipo profesional), de modo tal de otorgar al staff la independencia y autoridad necesarias para ejecutar su labor. En estos casos, un taller de trabajo puede ser también una buena manera de resolver los conflictos y organizar las tareas y responsabilidades.

En resumen, un órgano de gobierno activo, independiente y comprometido: Vela porque las actividades de la organización sean coherentes con su misión. Con sus buenas prácticas, otorga confianza a sus grupos de interés de que la organización está siendo manejada de manera eficiente y con altos estándares de probidad.

Amplía las redes y contactos de la organización. Aporta conocimientos y experiencia para asegurar el buen gobierno de la organización. Se compromete con la organización y actúa para que logré su misión.

Conclusión

Un órgano de gobierno sólido y efectivo es fundamental para el éxito de cualquier OSC. Para ello, es necesario que cada uno de sus miembros entienda claramente los roles y funciones del órgano de gobierno en su conjunto y de los miembros individuales.

El órgano de gobierno tiene que encontrar balances importantes entre su labor estratégica y el trabajo operativo del director y el staff profesional, entre las diferentes fortalezas de sus miembros, y entre su función como guía estratégico de la organización y su responsabilidad legal y fiduciaria.

En resumen, un órgano de gobierno efectivo:

- Determina las metas estratégicas y políticas de la organización
- Selecciona, supervisa y evalúa al director
- Monitorea el desempeño de la organización
- Evalúa los logros de la organización contra su misión y propósito
- Supervisa el manejo financiero de la organización
- Participa en la procuración de fondos
- Funciona como un vínculo entre la organización y las partes interesadas

El ser miembro de un órgano de gobierno de una organización exitosa es un honor, pero es también un compromiso que requiere de trabajo, ética y dedicación. El órgano de gobierno, y cada uno de sus miembros, comparten responsabilidad en el éxito y el fracaso institucional. Cuando la OSC enfrenta obstáculos y dificultades, el compromiso y experticia de los miembros pueden hacer su recuperación más fácil. Y cuando la organización tiene éxitos, los miembros del órgano de gobierno pueden sentirse orgullosos de los logros de su esfuerzo voluntario.

Referencias bibliográficas

Bradshaw, P., Murray, V., & Wolpin, J. (1992). Do nonprofit boards make a difference? An exploration of the relationships among board structure, process, and effectiveness. Nonprofit and voluntary sector quarterly, 21(3), 227-249.

Fritz, Joanne (sin fecha). Essentials about your board of directors. About.com – non profit charitable orgs. Disponible en:

Grant Thornton (2005). Not for profit board member handbook. Disponible en la página Web: www.grantthornton.com. Visitado el 1 de julio de 2009.

Green, J. C., & Griesinger, D. W. (1996). Board performance and organizational effectiveness in nonprofit social services organizations. Nonprofit management and leadership, 6(4), 381-402.

Herman, R. D., & Renz, D. O. (2008). Advancing nonprofit organizational effectiveness research and theory: Nine theses. Nonprofit management and leadership, 18(4), 399-415.
http://nonprofit.about.com/od/nonprofitbasics/p/boardbasics.htm
http://www.gdrc.org/ngo/ngo-boards.html. Visitado el 16 de junio de 2009.

Ingram, R. (1997). Diez responsabilidades básicas del consejo directivo en las organizaciones sin fines de lucro. BoardSource – Centro Mexicano para la Filantropía.

Johnson, Karen (compiled by) (2006). Gharp Guide to NGO Governance. Prepared for the Meeting the challenge of effective NGO governance workshop. Georgetown, Guyana, November 2006. Supported by USAID Guyana HIV/AIDS reduction & prevention (GHARP) Project. A joint Government of Guyana – US Government Project.

México Transparente (2009). Gobiernos corporativos en las organizaciones sin fines de lucro en México: Situación actual y perspectivas. Santiago: México.

México Transparente (2009). Gobiernos corporativos en las organizaciones sin fines de lucro: Revisión de la experiencia internacional. Santiago: México.

Srinivas, Hari (sin fecha). Constituting an NGO board: Creating a strong baseline for an NGO's activities. Disponible en la página Web:

The Nacional Council of NGO's. (2001). A guide to good governance of NGO's. NGO leadership Development Series, N° 1. September.

ANEXO I – Matriz de Consejo

MATRIZ CONSEJO DIRECTIVO 2018

NOMBRE	PUESTO	Inicio Término	CADENCIA	ABRE PUERTAS	EJECUTOR	VALIDADOR	Género	Comunitario	Jóvenes

ANEXO II – Evaluación de Consejo

Cuestionario de Autoevaluación de Consejos Directivos

Herramienta para Mejorar las Prácticas de Gobierno de las Organizaciones Sociales

Instrucciones

Non-Profit Sector Leadership Program
College of Continuing Education

Cuestionario de Autoevaluación de Consejos Directivos

Instrucciones de Utilización de este Cuestionario

- Este cuestionario fue diseñado para llevar a cabo evaluaciones anuales de Consejos Directivos y Patronatos de organizaciones sin fines de lucro. Es un apoyo para que estos órganos de gobierno respondan a la pregunta: *¿Que estamos haciendo bien como consejo directivo y que podríamos hacer mejor?*

- La herramienta está diseñada para organizaciones de suficiente tamaño como para emplear personal ejecutivo y profesional, aunque muchas de las preguntas pueden también ser de valor para organizaciones manejadas por voluntarios.

- *La sección D* sobre el desempeño de los directivos individuales proporciona una oportunidad para cada miembro para reflejar sobre su propio desempeño. Esta parte del cuestionario, se puede completar d manera confidencial por cada miembro del consejo, aunque los miembros individuales pueden compartir voluntariamente su calificación que se encuentra en la parte inferior de la página, o alguno de los temas identificados sobre el que deseen mejorar.

- Esta versión (Versión II) incluye una sección nueva optativa, la *Sección E*, que busca dar retroalimentación al presidente del Consejo.

- Para calificar, los miembros del consejo deben sumar en la parte inferior de **cada página** ("Mi Calificación general") el total de los números en círculo en la página. Este número representa el resultado de cada sección. El rango de los números cambiará dependiendo del número de preguntas en la sección.

- Recuerde que esta herramienta funciona mejor cuando se utiliza para estimular la reflexión y el debate; no es un instrumento científico y no cuenta con criterios de validez o confiabilidad ni con una norma comparativa.

- El consejo puede considerar traer una persona independiente para llevar a cabo la evaluación y compilar, resumir y reportar los resultados. Esto asegura que las respuestas individuales se mantienen de forma confidencial y pueden producir respuestas más precisas. Si deciden hacer esto, copias de la sección D se pueden pasar a esta persona de forma confidencial.

- Solicite a los miembros llenar el cuestionario antes de la reunión. El espacio para el nombre del miembro en la cubierta está diseñado para distribuir el cuestionario, y no debe ser entregado. Entregar solo las secciones A, B, C y E.

- Entre las reuniones plenarias del consejo, es posible que sea necesaria una sección adicional para evaluar la relación del comité con el consejo, con el Director Ejecutivo y la conducción de las reuniones del Comité Ejecutivo. Las preguntas para esta sección se pueden sacar de las otras secciones.

- La Sección C sobre la relación del consejo con el Director Ejecutivo **no se considera una evaluación del Director Ejecutivo**, sino una evaluación de la calidad de relación del consejo con el Director Ejecutivo, hecha por ambos el Consejo y el Director Ejecutivo. Los elementos que se evalúan aquí deben enfocarse en los aspectos que el consejo puede cambiar sobre su rendimiento.

- La evaluación del consejo se puede realizar en cualquier momento del año y se debe poner en la agenda anual. Es preferible que no agendar esta evaluación al mismo tiempo que la evaluación del Director Ejecutivo.

Cuestionario de Autoevaluación de Consejos Directivos

Herramienta para Mejorar las Prácticas de Gobierno de las Organizaciones Sociales

Nombre del consejero _____
(opcional)

Non-Profit Sector Leadership Program
College of Continuing Education
VERSION II
Traducción: ORT México

© Non-Profit Sector Leadership Program, Dalhousie University
May be freely copied by voluntary organizations for their own use.

Cuestionario de Autoevaluación de Consejo Directivo

Las preguntas deben ser contestadas por todos los miembros del Consejo Directivo. Una vez completados los cuestionarios individualmente, los resultados de las secciones A, B y C deben ser compilados, distribuidos a todo el Consejo y discutidos para determinar la respuesta media de cada pregunta y el promedio de cada sección. Las secciones A, B y C también deben ser completadas por el director ejecutivo de la organización. Esta versión del cuestionario incluye una sección E que da retroalimentación al Presidente del Consejo.

Seleccione la respuesta que mejor refleje su opinión. La escala para cada pregunta es: Totalmente en Desacuerdo (1); En Desacuerdo (2); Posiblemente o No Estoy Seguro (3); En Acuerdo (4); Totalmente en Acuerdo (5).

A. Desempeño general del Consejo

1	Nuestra organización tiene un plan estratégico de 3 a 5 años o una serie de metas claras a largo plazo.	1	2	3	4	5
2	La orden del día de las reuniones refleja claramente las prioridades estratégicas.	1	2	3	4	5
3	La organización tiene un plan operativo o de negocios de un año.	1	2	3	4	5
4	El consejo guía al equipo profesional para lograr las metas generando o ajustando políticas generales.	1	2	3	4	5
5	El consejo se asegura que los logros y retos de la organización se comuniquen a todos los miembros y partes interesadas.	1	2	3	4	5
6	El consejo se asegura que los miembros y partes interesadas reciban reportes financieros y de actividades periódicos.	1	2	3	4	5
7	El Consejo toma decisiones estratégicas, pero no interviene en las decisiones operativas de la organización.	1	2	3	4	5

Calificación (sume el total de sus respuestas):

Excelente (28+), Muy Bueno (20-27), Bueno (15-19), Satisfactorio (12-18), Pobre (7-11)

B. Eficiencia del Consejo

Seleccione la respuesta que mejor refleje su opinión. La escala para cada pregunta es: Totalmente en Desacuerdo (1); En Desacuerdo (2); Posiblemente o No Estoy Seguro (3); En Acuerdo (4); Totalmente en Acuerdo (5).

		1	2	3	4	5
1	Los consejeros recibieron información y tienen claridad de lo que se espera de ellos.	1	2	3	4	5
2	La orden del día para las juntas está bien planeada de manera que estas son eficientes.	1	2	3	4	5
3	La mayoría de los miembros del Consejo vienen a las juntas preparados.	1	2	3	4	5
4	Recibimos los materiales relevantes para las juntas con suficiente anticipación.	1	2	3	4	5
5	Todos los miembros del Consejo participan en la discusión de temas importantes.	1	2	3	4	5
6	Los diferentes puntos de vista se escuchan y respetan en el Consejo.	1	2	3	4	5
7	Las decisiones tomadas se respetan y acatan por todos los miembros.	1	2	3	4	5
8	El Consejo cuenta con un manual operativo o reglamento y con una política de conflicto de intereses.	1	2	3	4	5
9	El consejo tiene un buen proceso de rotación y hace un buen trabajo en atraer y reclutar nuevos miembros.	1	2	3	4	5
10	El Consejo tiene un proceso planeado para la inducción de nuevos miembros	1	2	3	4	5
11	El Consejo tiene un plan de desarrollo y capacitación para sus miembros.	1	2	3	4	5
12	Las juntas del Consejo son eficientes.	1	2	3	4	5
13	Los temas que se tratan son relevantes e interesantes.	1	2	3	4	5

Calificación:

Excelente (48+), Muy Bueno (39-47), Bueno (29-38), Satisfactorio (20-28), Pobre (19-)

C. Relación del Consejo con el Director Ejecutivo

Seleccione la respuesta que mejor refleje su opinión. La escala para cada pregunta es: Totalmente en Desacuerdo (1); En Desacuerdo (2); Posiblemente o No Estoy Seguro (3); En Acuerdo (4); Totalmente en Acuerdo (5).

1	Los límites de responsabilidades del Consejo y del Director Ejecutivo son claros.	1	2	3	4	5
2	Hay una Buena comunicación entre el Director Ejecutivo y el Consejo.	1	2	3	4	5
3	El Consejo tiene confianza en la labor de Director Ejecutivo.	1	2	3	4	5
4	El Consejo guía al Director Ejecutivo generando nuevas políticas o clarificando las existentes.	1	2	3	4	5
5	El Consejo ha comunicado claramente las expectativas que tiene del Director Ejecutivo.	1	2	3	4	5
6	El Consejo ha desarrollado criterios e indicadores claros para evaluar el desempeño del Director Ejecutivo	1	2	3	4	5
7	La evaluación del Director Ejecutivo está alineada a los objetivos estratégicos y prioridades de la organización.	1	2	3	4	5
8	El Consejo ha llevado a cabo una evaluación formal del Director Ejecutivo en los últimos 12 meses	1	2	3	4	5
9	El Consejo da retroalimentación periódica y muestra su aprecio al Director Ejecutivo regularmente.	1	2	3	4	5
10	El Consejo se asegura que el Director Ejecutivo reciba oportunidades de desarrollo profesional	1	2	3	4	5

Calificación:

Excelente (45+), Muy Bueno (39-44), Bueno (29-38), Satisfactorio (20-28), Pobre (19-)

D. Desempeño indiviual de los miembros del Consejo (No Compartir)

Seleccione la respuesta que mejor refleje su opinión. La escala para cada pregunta es: Totalmente en Desacuerdo (1); En Desacuerdo (2); Posiblemente o No Estoy Seguro (3); En Acuerdo (4); Totalmente en Acuerdo (5).

1	Me es claro cuáles son las expectativas sobre mi como miembro del Consejo.	1	2	3	4	5
2	Estoy presente en la mayoría de las juntas del Consejo.	1	2	3	4	5
3	Leo las minutas y los materiales que me envían antes de las juntas de Consejo.	1	2	3	4	5
4	He leído y conozco los reglamentos/manuales de la organización y del Consejo.	1	2	3	4	5
5	Participo activamente durante las juntas de Consejo.	1	2	3	4	5
6	Escucho con atención durante las juntas del Consejo.	1	2	3	4	5
7	Estoy en contacto con otros miembros del Consejo fuera de las juntas sobre temas importantes de la organización.	1	2	3	4	5
8	Doy seguimiento en tiempo y forma a los compromisos que tomo frente a la organización.	1	2	3	4	5
9	Mantengo la confidencialidad de todos los temas que se discuten en el Consejo.	1	2	3	4	5
10	Acato y respeto las decisiones que se toman en el Consejo aun si no estoy de acuerdo con ellas.	1	2	3	4	5
11	Promuevo a la organización cada vez que tengo oportunidad.	1	2	3	4	5
12	Me mantengo informado sobre temas que son relevantes a la misión de la organización.	1	2	3	4	5
13	Doy mi máximo esfuerzo para apoyar el desarrollo institucional y la procuración de fondos de la organización	1	2	3	4	5

Calificación:

Excelente (55+), Muy Bueno (45-54), Bueno (32-44), Satisfactorio (20-31), Pobre (19-)

E. Retroalimentación al Presidente del Consejo (Opcional)

Seleccione la respuesta que mejor refleje su opinión. La escala para cada pregunta es: Totalmente en Desacuerdo (1); En Desacuerdo (2); Posiblemente o No Estoy Seguro (3); En Acuerdo (4); Totalmente en Acuerdo (5).

1	El Consejo ha acordado claramente las funciones y responsabilidades del Presidente.	1	2	3	4	5
2	El Presidente llega bien preparado a las juntas de Consejo.	1	2	3	4	5
3	El Presidente dirige eficientemente las juntas y se apega a la orden del día.	1	2	3	4	5
4	El Presidente se asegura que todos los miembros tengan oportunidad de ser escuchados.	1	2	3	4	5
5	El Presidente tiene la habilidad para manejar puntos de vista diferentes en las juntas.	1	2	3	4	5
6	El Presidente es estricto si las juntas se salen de control.	1	2	3	4	5
7	El Presidente es asertivo cuando necesita dar retroalimentación sobre la conducta de los miembros individuales.	1	2	3	4	5
8	El Presidente tiene la habilidad de hacer que el Consejo trabaje colaborativamente.	1	2	3	4	5
9	El Presidente sabe escuchar y tomar en cuenta la opinión de los miembros.	1	2	3	4	5
10	El Presidente cuenta con el apoyo del Consejo.	1	2	3	4	5
11	El Presidente sabe delegar responsabilidades entre los miembros del Consejo.	1	2	3	4	5

Calificación:

Excelente (50+), Muy Bueno (40-50), Bueno (29-39), Satisfactorio (18-28), Pobre (17-)

ANEXO III – Carta compromiso de los miembros

ORGANIZACIÓN _____

Derechos, Expectativas y Compromisos de los Miembros del Consejo Directivo

La _____ tiene las siguientes responsabilidades hacia los miembros del Consejo:

1. Enviar todos los informes financieros semestrales y una actualización de las actividades de la organización que les permitan cumplir su responsabilidad fiduciaria, legal y ética.
2. Asegurar que el Presidente del Consejo y el Director Ejecutivo estén disponibles en las juntas del Consejo y cuando el Consejo así lo solicite para discutir los programas, objetivos, actividades y el estado general de la Universidad.
3. Apoyar y asistir a los miembros del Consejo en el cumplimiento de sus compromisos, informándoles acerca de los problemas de la organización, del campo de acción de la organización en México, y ofrecer oportunidades para el desarrollo profesional de los miembros del Consejo.
4. Cuando un miembro del Consejo así lo solicite, responder de manera directa a las preguntas que sean necesarias para llevar a cabo sus responsabilidades fiduciarias, legales y morales hacia la organización.

Por otra parte, como miembro del Consejo Directivo, usted tiene una responsabilidad de garantizar que la organización haga el mejor trabajo posible en la búsqueda de su misión. Con ese propósito, la organización tiene las siguientes expectativas de los miembros de su Consejo Directivo:

1. Estar comprometido con el propósito y la misión de la organización, y actuar con responsabilidad y prudencia como su delegado.
2. Abogar por el éxito y el bienestar de la organización y los valores que representa.
3. Asistir a las reuniones del Consejo, así como a las reuniones de los comités a los que se integre, y a los eventos de la organización.
4. Apoyar las actividades de procuración de fondos, ya sea personalmente, a través de contactos o participando en eventos de desarrollo institucional.
5. Excusarse de las discusiones y votaciones en las que tenga un conflicto de intereses.
6. Mantenerse informado sobre lo que está pasando en la organización para tomar decisiones informadas.
7. Expresar su opinión y sus dudas. Cuestionar, evaluar y dar retroalimentación sobre las decisiones que se tomen en el Consejo.
8. Trabajar de buena fe con el personal profesional y otros miembros del Consejo como socios hacia el logro de los objetivos de la Universidad.

Yo, _____, declaro que conozco y entiendo las responsabilidades que me confiere ser miembro del Consejo Directivo de la Organización _____, y acepto el nombramiento con el compromiso de hacer mi máximo esfuerzo por cumplir con estas para el éxito de la organización.

Firma: _____ Fecha: _____

ANEXO IV – Ejemplo de reglamento interno del consejo

REGLAMENTO INTERNO DE CONSEJO DIRECTIVO

ARTÍCULO 1. CONFORMACIÓN DEL CONSEJO

1. El Consejo Directivo de la Organización es un órgano de carácter consultivo, con facultades estratégicas y directivas, y la responsabilidad de velar por el cumplimiento de la misión institucional de la Organización.

2. El Consejo está formado por un mínimo de 4 y un máximo de 15 Consejeros regulares, más aquellos que participen ex oficio. Los miembros del Consejo Directivo servirán en este ad honorem y todos tienen derecho a voto.

3. El Consejo nombrara de forma anual un Comité de Nominaciones, que estará encargado de solicitar nominaciones al Consejo, entrevistar a los nominados, y emitir recomendaciones sobre su aceptación al consejo. Los miembros del Comité de Nominaciones miembros servirán una cadencia de dos años.

4. El Comité de nominaciones podrá recibir candidaturas de cualquier Consejero o del Director Ejecutivo nacional de la organización. Las nominaciones estarán abiertas de forma continua, y las recomendaciones se enviarán al Patronato quien las considerará en su siguiente junta ordinaria.

5. El Comité de nominaciones deberá velar porque el consejo mantenga un balance de género, de personas dentro y fuera del sector social, y de miembros de la comunidad judía. Así mismo, deberá considerar diversidad de edad, de experiencia profesional y de nivel socioeconómico.

6. Los miembros del Consejo Directivo serán elegidos por la Asamblea en sesión ordinaria . La Asamblea será el responsable de elegir y reelegir a los miembros del Consejo con base en la recomendación de un Comité de Nominaciones.

7. Miembros ex oficio: Adicionalmente, el Director Ejecutivo

Nacional de la Organización, y _____ fungirán como miembros ex oficio del Consejo Directivo.

8. Los Consejeros tendrán una duración en sus cargos de dos años, con la posibilidad de reelección hasta en dos ocasiones continuas. Miembros cuya duración haya expirado deberán esperar un periodo mínimo de 3 años para volver a ser nominados.

9. Para facilitar la continuidad del Consejo, los miembros del Consejo serán designados en cadencias escalonadas.

10. Para ser miembro del Consejo deberán acreditarse cuando menos los siguientes requisitos:
    a) Haber participado en alguna actividad o institución vinculada a la responsabilidad social en México.
    b) Haber demostrado interés por la educación en general y la educación superior en particular.

11. Para ser presidente del consejo, será necesario además acreditar cuando menos:
    a) Haber colaborado cuando menos dos años en alguna institución vinculada con la Responsabilidad y/o el Emprendimiento Social.
    b) Tener un alto nivel de compromiso con la educación y estar dispuesto a asumir roles de responsabilidad.

12. La Asamblea de la organización puede en cualquier momento remover a los miembros del Consejo Directivo de su cargo antes del final de su término, con causa justificada. El Comité ejecutivo del Consejo podrá convocar a la Asamblea en sesión extraordinaria y solicitar la remoción de algún miembro, presentando la justificación pertinente.

13. Son causas justificadas de remoción la violación al reglamento de disciplina de la Organización, no cumplir con la letra o el espíritu de las obligaciones y derechos del los consejeros (Anexo I), o la falta de participación en 3 reuniones ordinaras consecutivas.

ARTÍCULO 2. OFICIALES DEL CONSEJO

2.1   El Consejo elegirá de manera bienal como oficiales a un Presidente, un Vicepresidente, un Tesorero y un Secretario, más los vocales que el Consejo Directivo considere pertinentes. Las nominaciones para oficiales se harán en sesión de Consejo cuando la cadencia de los oficiales anteriores termine o cuando alguno de los puestos quede vacante.

2.2   Los oficiales del Consejo durarán en funciones 2 años y podrán ser reelegidos por dos periodos consecutivos más. En caso de renuncia o remoción de un oficial, el Presidente del Consejo Directivo designará al sustituto de manera temporal, hasta la siguiente reunión del Consejo Directivo. Si el oficial que renuncia es el Presidente, el Vicepresidente tomará el cargo y designará a un nuevo Vicepresidente de manera temporal.

2.3   Tanto el Presidente del Consejo como los demás oficiales servirán ad honorem, por lo que no tendrán derecho a remuneración alguna.

ARTÍCULO 3. FACULTADES DEL CONSEJO DIRECTIVO

3.1   Establecer los Reglamentos de la Organización y velar su cumplimiento.

3.2   Establecer las políticas generales de la Organización.

3.3   Designar o separar al Rector de la Organización y delegarle las facultades necesarias para la dirección de la Institución.

3.4   Promover la eficacia y eficiencia en la utilización de todos los recursos humanos y materiales de la Organización.

3.5   Aprobar el presupuesto anual

3.6   Velar por el cumplimiento de toda la normatividad y legislación aplicable a las actividades de la Organización

3.7   Designar los comités que estime necesarios y nombrar a sus presidentes, asignándoles facultades y obligaciones para el desempeño de sus atribuciones.

3.8   Delegar una o varias de sus atribuciones.

3.9   Nombrar apoderados, confiriéndoles facultades de representación.

3.10   Conocer los reportes de las auditorías y de cualquier otro evaluador externo.

ARTÍCULO 4. FUNCIONAMIENTO DEL CONSEJO

4.1   El Consejo Directivo se reunirá de forma ordinaria al menos una vez por periodo semestral, siendo posibles juntas extraordinarias. Las convocatorias, procedimientos de orden, y votaciones se regirán de acuerdo a las Reglas de Procedimiento Parlamentario de Robert adaptadas (anexo II).

4.2   Las convocatorias a las juntas del Consejo Directivo deberán ser emitidas por el presidente de este, y enviadas vía correo electrónico a la dirección que cada uno de los miembros tenga registrada, al menos con una semana de antelación para reuniones ordinarias, y 24 horas para reuniones extraordinarias.

4.3   Las sesiones del Consejo serán presididas por el Presidente del mismo, o el Vicepresidente en su ausencia, o por quien ellos designen.

4.4   Para que haya quórum será necesaria la presencia del 50 % de los miembros del Consejo con derecho a voto. Las votaciones serán tomadas por mayoría de los presentes. El Presidente del Consejo Directivo, en caso de empate, tendrá voto de calidad.

4.5   La orden del día de las Juntas del Consejo Directivo se decidirá por el Presidente del mismo y aprobada por sus miembros.

4.6 En caso de conflicto de intereses, dicho conflicto se resolverá de conformidad con la política sobre conflictos de intereses adoptada por el Consejo (anexo III).

4.7 El presidente del Consejo o una mayoría de sus miembros están autorizados a convocar reuniones extraordinarias del Consejo. En el caso de una reunión extraordinaria convocada por la mayoría de los miembros del Consejo, los convocantes solicitarán al Presidente que se emita la convocatoria, quien deberá emitirla a la brevedad, especificando el objeto u objetos de esta, de acuerdo al ARTÍCULO 4 Inciso 4.2 del presente reglamento.

ARTÍCULO 5. COMITÉ EJECUTIVO

5.1 El Comité Ejecutivo tiene por objeto la realización mas eficiente de los objetivos de la Organización y por lo tanto, se le delegará por el Consejo Directivo diversas actividades. Trabajarán en comunicación con el Consejo Directivo y con el personal directivo y académico de la Organización, de acuerdo a las facultades y disposiciones que se hayan emitido, proponiendo y sugiriendo todas aquellas medidas y acciones que tiendan al mejor desempeño de la Organización.

5.2 El Comité Ejecutivo es el órgano operativo del Consejo Directivo. Éste estará conformado por el Presidente, Vicepresidente, Tesorero y Secretario del Consejo Directivo, más los vocales que el Consejo Directivo considere pertinentes.

5.3 Los miembros del Comité Ejecutivo durarán en funciones 2 años y podrán ser reelegidos por dos periodos consecutivos más. En caso de renuncia o remoción de un miembro de algún comité, el Presidente del Consejo Directivo designará al sustituto de manera temporal, hasta la siguiente reunión del Consejo Directivo.

5.4 Tanto el Presidente del Comité Ejecutivo como sus miembros servirán ad honorem, por lo que no tendrán derecho a remuneración alguna.

5.5 El funcionamiento y operación del Comité Ejecutivo se regirá por lo siguiente:

    a) Las juntas del Comité Ejecutivo deberán celebrarse

al menos bimestralmente de manera ordinaria, y de manera extraordinaria cuando el Presidente los convoque o cuando al menos tres miembros del Comité Ejecutivo emitan una convocatoria.

b) Las convocatorias a las juntas de un Comité deberán ser emitidas por el Presidente, y enviadas vía correo electrónico a la dirección que cada uno de los miembros tenga registrada, al menos con una semana de antelación para reuniones ordinarias, y 24 horas para reuniones extraordinarias.

c) Las sesiones del Comité serán presididas por el Presidente o el Vicepresidente del mismo o por quien ellos mismos designen.

d) Las votaciones serán tomadas por mayoría de los presentes. El Presidente del Comité, en caso de empate, tendrá voto de calidad.

e) La Orden del Día de las Juntas del Comité Ejecutivo se decidirá por el Presidente del mismo y será aprobada por sus miembros. La agenda debe ser enviada al Comité por lo menos con 24 horas de anticipación.

5.6 Corresponde al Comité Ejecutivo las siguientes facultades:

a) Revisar y hacer recomendaciones al presupuesto anual presentado por la Rectoría.

b) Revisar y hacer recomendaciones sobre las cuotas de colegiaturas y presupuesto de becas.

c) Analizar y hacer recomendaciones sobre el mercado educativo y las necesidades relacionadas con la oferta educativa de la Organización

d) Establecer las políticas de sueldos y salarios para el personal de la Organización.

e) Establecer las políticas de imagen y proyección institucional.

f) Aprobar o rechazar los dictámenes de los distintos comités.

g) Supervisar el cumplimiento de las obligaciones fiscales, administrativas y laborales de la Organización, así como toda la normatividad educativa y demás aplicable al funcionamiento de la Organización.

h) Estudiar y sugerir al Consejo Directivo de la Organización las medidas y reformas que estimen pertinentes.

i) Definir y sugerir las modificaciones y adecuaciones de los diversos comités.

j) Supervisar los informes que deben presentarse a las distintas autoridades.
k) En general realizar todos los actos que sean necesarios para el mejor desempeño de la Organización.

ARTÍCULO 5: COMITÉS

5.1 El Consejo podrá constituir o aprobar otros comités.

5.2 La aprobación y promulgación de las funciones, la composición y las atribuciones de estos comités serán de competencia del Consejo. El período de permanencia de los miembros de dichos comités coincidirá, cómo máximo, con su período de permanencia en el Consejo y podrá ser de una duración inferior.

5.3 El presidente del Consejo es miembro ex oficio sin derecho a voto de todos los comités del Consejo.

ARTÍCULO 6: ENMIENDAS A LOS REGLAMENTOS

6.1 El Consejo podrá enmendar en cualquier momento el Reglamento General Institucional de la Organización y el Reglamento Interno del Consejo por voto afirmativo de no menos de dos tercios de los miembros del Consejo en funciones en ese momento.

ANEXO V – Reglas de orden de Robert Adaptadas

Universidad ORT México
Reglas del orden de Robert Adaptadas – Información básica

(Esta hoja no debe tomarse como un sustituto del libro las Reglas del orden de Robert, Recientemente revisado, Edición 11, sino que debe tomarse como un complemento del conjunto completo de reglas).

El procedimiento parlamentario es un conjunto de reglas para llevar a cabo de manera ordenada reuniones que logran metas de manera justa. Los beneficios del procedimiento parlamentario incluyen los siguientes:

- Justicia y cortesía para todos
- Mantenimiento del orden
- Consideración de un punto por vez
- Todas las partes son escuchadas
- Posibilidad de que cada miembro presente su aporte
- Decisión de la mayoría
- Protección de los derechos de todos los miembros incluyendo la minoría

Principios básicos

- Todos los miembros tienen los mismos derechos, privilegios y obligaciones
- Ninguna persona puede hablar hasta que el presidente le dé la palabra
- Los comentarios personales durante el debate están fuera de lugar
- Sólo se puede considerar una propuesta a la vez, y solamente una persona a la vez tiene la palabra. Los miembros tienen el derecho a saber cuál es el asunto inmediatamente pendiente y a que se repita antes de que tenga lugar la votación
- El debate libre y completo de cada moción principal es un derecho básico
- El quórum debe estar presente para poder tomar decisiones
- Una mayoría decide una cuestión excepto cuando se

comprometen los derechos básicos de los miembros o una regla lo dispone de manera contraria
- Es necesario un voto de 2/3 para toda moción que de alguna manera prive a un miembro de un derecho (por ejemplo, cortar el debate)
- El silencio funciona como consentimiento. Aquellos que no votan permiten que la decisión la tomen aquellos que sí votan
- El presidente siempre debe permanecer imparcial

Definiciones básicas
Convocatoria – Documento informativo a todos los miembros qie indica la fecha, lugar y orden del día de las juntas.
Moción – Una propuesta formal hecha para traer un tema a la asamblea para su consideración y acción. Comienza con "Yo propongo que…"
Secundar – Una afirmación de un miembro que refleja su acuerdo con que la moción hecha por otro miembro sea considerada. Se afirma diciendo "Secundo" o "Yo secundo la moción".
Enmienda – Antes de realizar la votación en una moción, la misma puede ser enmendada:
- Quitando palabras
- Insertando o agregando palabras
- Quitando palabras y agregando otras en su lugar
- Sustituyendo un párrafo (1) o resolución por otro/a.

Quórum – el número mínimo de miembros que deben estar presentes para que el Consejo tome decisiones. El quórum puede encontrarse en el Reglamento del Consejo. El Consejo puede reunirse y sesionar, pero no puede votar sobre asuntos a decidir a menos que haya quórum presente.
Presidente/funcionario que preside – La persona que facilita la reunión, generalmente el presidente. En la ausencia del presidente, si ninguno de los vicepresidentes está presente, el secretario llama la reunión al orden y realiza una elección para un presidente pro tem (un funcionario que preside para esa reunión solamente, temporal).

Convocatoria a las Juntas de Consejo
La convocatoria debe enviarse según lo estipulado en el Reglamento del Consejo, y debe contener al menos los siguientes elementos:
- Fecha de emisión (con la antelación que determina el reglamento)
- Quien convoca
- Lugar, fecha y hora de la Junta
- Orden del Día

- En el caso de reuniones extraordinarias, el propósito de la junta.

Rol del funcionario que preside
- Mantenerse imparcial durante un debate -- el funcionario que preside debe ceder la presidencia para debatir los méritos de una moción y no puede presidir la reunión nuevamente hasta que se haya realizado la votación sobre la moción presentada
- Votar solamente para crear o romper un empate (o 2/3 para cuestiones que necesitan de un voto de 2/3) – excepción: el funcionario que preside puede votar en toda votación hecha con boletas
- Presentar un negocio asuntos a decidir en su orden debido según la agenda
- Reconocer a los oradores
- Determinar si una moción está en el orden
- Mantener la discusión relacionada con la moción pendiente
- Mantener el orden
- Poner las mociones a votación y anunciar los resultados

Procedimiento general para administrar una moción principal
- Un miembro debe pedir la palabra y esperar a que el presidente se la conceda
- El miembro presenta una moción principal
- Una moción debe estar secundada por otro miembro antes de poder ser considerada
- Si la moción está en orden, el presidente volverá a repetir la moción y abrirá el debate
- La persona que presenta la moción tiene el derecho de hablar primero en el debate
- La moción principal se debate junto con cualquier otra moción secundaria que pueda debatirse
- El debate sobre mociones subsidiarias, privilegiadas e incidentales, (si pueden debatirse o enmendarse) tiene precedente sobre el debate de la moción principal y debe decidirse antes de que pueda continuar el debate sobre la moción principal.
- El debate queda cerrado cuando:
- Ha finalizado la discusión o Un voto de 2/3 cierra el debate (a través de "la cuestión previa" o pidiendo "que se dé por terminado el debate")

- El presidente repite la moción y si es necesario clarifica las consecuencias de un voto afirmativo y uno negativo
- El presidente llama a votación preguntando "¿Todos los que están a favor?" Los que están a favor dicen "Sí" Luego pregunta "¿Todos los que se oponen?" Aquellos que se oponen dirán "no"
- El presidente anuncia el resultado

Reglas generales de debate
- Ningún miembro puede hablar hasta que el presidente le dé la palabra
- Toda discusión debe ser relevantes a la pregunta inmediatamente pendiente
- Ningún miembro puede hablar más de dos veces sobre cada moción a debatir. La segunda vez ocurre después de que cada uno que desee debatir la moción haya tenido la oportunidad para hablar una vez
- Ningún miembro puede hablar más de diez minutos o de lo que decidan los miembros. Todos los comentarios deben estar dirigidos al presidente; no se permite ningún debate cruzado
- No se permite hablar en contra de la propia moción (pero uno puede votar en contra la propia moción)
- El debate debe enfocarse en el asunto presentado no en los individuos o personalidades; nadie tiene permitido realizar ataques personales o cuestionar los móviles de otros oradores
- El funcionario que preside debe ceder la presidencia para poder participar en un debate y no puede retomar la presidencia hasta que se decida el asunto pendiente
- En la medida de lo posible, el presidente debe permitir que la palabra alterne entre los que hablan a favor y los que hablan en contra de la moción
- Los miembros no pueden perturbar el desarrollo de la asamblea
- Las reglas de debate pueden cambiarse por un voto de 2/3 o consentimiento general sin objeción

Ejemplos de cómo administrar una moción principal:
El miembro se para y se dirige al presidente:
Señora (Señor) presidente.
El presidente reconoce al miembro (por título o nombre) y le da la palabra

El miembro presenta la moción.
Propongo que...
Otro miembro secunda la moción (sin reconocimiento).
Secundo [o] yo secundo la moción.
El presidente presenta la moción y abre el debate.
Se presenta la moción y se secunda que...
¿Hay debate? O, ¿están listos para la pregunta?
El presidente da la palabra a las personas que deseen hablar.
Cuando el debate concluye, el presidente vuelve a repetir la moción y abre la votación.
La pregunta está en la moción para...
Los que están a favor de la moción digan "Sí". Aquellos que se oponen digan "No"
El presidente anuncia el resultado del voto y qué acción se tomará.
Han ganado los votos afirmativos, y se adopta la moción. Vamos a [se indica la medida que se tomará].
El presidente continúa con el próximo tema en el orden.

Métodos comunes para votar (a discreción del presidente):
Consentimiento general: *"Si no existe objeción, vamos a ....(pausa). Ya que no hay objeción, vamos a..."*

Voto oral o de viva voz (cuando hay una mayoría clara): *"Los que estén a favor digan "Sí ". Los que estén en contra digan "no". ". "El voto afirmativo/negativo ha prevalecido, y se adopta/rechaza la moción".* **Votación**

Levantando la mano: *"Los que están a favor levanten la mano. (El secretario es encargado de contar los votos). Gracias, pueden bajarlas. Los que están en contra levanten la mano. Gracias, pueden sentarse. Hay una mayoría (o 2/3) en votos afirmativos y se adopta la moción". O "Hay menos de una mayoría (o 2/3) en votos afirmativos y se rechaza la moción".*

Métodos para enmendar
Quitando/suprimiendo: "Propongo enmendar la moción quitando la palabra "Denver"".

Agregando/insertando: "Propongo enmendar la moción insertando la palabra 'Las Vegas' después de la palabra 'Portland' y antes del punto".

Quitando y agregando: "Propongo enmendar la moción quitando la palabra '$35' e insertando la palabra '$50.'"

Terminología útil
- Recomendaciones, estatutos, reglas, resoluciones, presupuestos y auditorías son adoptados.
- Los informes se archivan.
- Las renuncias se aceptan.
- Las facturas y las actas se aprueban.
- Si se le hacen correcciones a las actas, las actas se aprueban con correcciones.
- El informe del tesorero ni se aprueba ni se adopta, sino que después de que se contestan algunas preguntas sobre algún punto del mismo, se archiva para auditoría tal como se estipula en los estatutos.
- Las mociones se registran como "adoptadas" o "rechazadas".
- Se recomienda que las mociones principales se escriban (se fechen y firmen). En tal caso, se deben numerar las hojas y se debe anotar en las hojas si la moción fue "adoptada" o "rechazada".

Las reglas de Robert ayudan a hacer las cosas
- Presentar mociones--que están en orden
- Obtener la palabra, apropiadamente
- Hablar, claramente y concisamente
- Obedecer, las reglas del debate

¡Y por sobre todo, sea cortés!
¡Eso siempre aplica!

ANEXO VI – Politica de Conflicto de intereses

Política de Conflicto de Intereses del Consejo Directivo

I. Declaración de Política
Existe un posible conflicto de intereses cuando un miembro del Consejo Directivo, o algún familiar inmediato de este, tiene un interés material, directo o indirecto, en una transacción o proyecto que involucre a la Universidad. Cuando un Consejero tenga un interés en una decisión o proyecto considerado por la Universidad, el Consejero debe revelar ese conflicto al Consejo.

Cualquier miembro del consejo que tenga un conflicto de intereses deberá abstenerse de votar o de usar su influencia personal, y no deberá estar presente cuando el asunto sea discutido por el Consejo. Las minutas reflejarán que el Consejero se recusó y se abstuvo de participar y votar por un posible conflicto de interés.

Los miembros del Consejo estarán obligados a dar fe anualmente de haber leído y aceptado la presente política, y a proporcionar información sobre cualquier posible conflicto de intereses si es necesario.

Los Consejeros tienen absolutamente prohibido el beneficiarse materialmente de las actividades de la Universidad más allá de reembolso de los gastos previamente autorizados.

II. Definición de Interés Material Personal
Un interés material personal es:
1. Una propiedad o interés inversión en cualquier entidad con la que la Universidad haga alguna transacción comercial o arreglo económico;
2. Un acuerdo de compensación con la Universidad o con cualquier entidad o individuo con el cual la organización tiene una transacción o arreglo; o
3. Una participación potencial en la propiedad o inversión, o acuerdo de compensación con, cualquier entidad o individuo con el cual la organización está negociando una transacción o acuerdo.

La compensación incluye la remuneración directa e indirecta, así como los regalos, favores y beneficios no financieros que no son insustanciales. **Es permisible que un Consejero, sus familiares directos, o empresas en los que estos tienen un interés material sean proveedores de productos y/o servicios para la Universidad, pero esto debe ser aprobado por el Consejo como se especifica en el siguiente procedimiento.**

III. Procedimientos

1. El consejero interesado revelará al Consejo, preferiblemente por escrito, los hechos materiales en cuanto a su interés personal en la transacción y en cualquier corporación, asociación, asociación u otra organización involucrada en la transacción antes de la reunión en que el Consejo actúa sobre la transacción.
2. Los Consejeros interesados se ausentarán de la reunión mientras se discute y se actúa sobre la transacción.
3. Un Consejero desinteresado u otra parte desinteresada familiarizada con la transacción presentará evidencia de la imparcialidad de la transacción propuesta, como ofertas competitivas o cotizaciones de precios comparables.
4. El voto de la mayoría de los Consejeros desinteresados que participan en la reunión y que constituyen un quórum, después de llegar a una decisión sobre si la transacción propuesta es justa para la organización, será necesaria para la aprobación de la transacción. El acta de la reunión reflejará que se hizo una declaración de interés y que el Consejero interesado se abstuvo de votar y no estuvo presente durante la consideración de la transacción por parte de la Junta.
5. Estos procedimientos (i) se aplicarán a las transacciones aprobadas después de la fecha de adopción de esta política; (ii) no se aplicará al reembolso de los gastos efectivamente incurridos por cualquier consejero en el desempeño de sus funciones como tal; Y (iii) podrá ser renunciado o alterado en cualquier caso particular por el voto de la mayoría del Consejo Directivo completo por la causa justificada que se muestra.

SOBRE LA UNIVERSIDAD ORT MÉXICO

La Universidad ORT México es la única institución de educación superior en Latinoamérica enfocada en el fortalecimiento de sociedad civil, el desarrollo sustentable y la trasformación positiva de la sociedad.

Es parte de la organización World ORT, fundada en 1880 que cuenta con mas de 200 instituciones educativas y 300,000 alumnos en 60 países.

www.ingramcontent.com/pod-product-compliance
Lightning Source LLC
Chambersburg PA
CBHW051222220526
45473CB00003B/1140